UCLV
Universidad Central
"Marta Abreu" de Las Villas

FCE
Facultad de
Ciencias Económicas

Análisis económico financiero en la Empresa Pecuaria Venegas en Cuba

Sara Colás Griñán

Introducción:

El sector ganadero es uno de los pilares de la seguridad alimentaria y los medios de vida rurales y la comunidad internacional debe trabajar de forma conjunta para garantizar que se aproveche toda su contribución potencial al desarrollo sostenible. El aumento del consumo de productos de origen animal mejora la nutrición, en particular para los niños en los países en desarrollo, cuyo desarrollo cognitivo y físico requiere de, además de proteínas y hierro, micronutrientes cruciales como el zinc y selenio que son provistos por la carne vacuna, así como la vitamina B12. La Agricultura es un sector de apoyo en torno a la seguridad alimentaria – nutricional que permite producir mejor, aprovechar las ventajas comparativas del sector agropecuario, permite integrar las actividades del medio rural a través de las cadenas productivas del resto de la economía y, sobre todo, estimular la colaboración de las organizaciones de productores. Asimismo, ofrece la oportunidad de fortalecer nuestra política pública agrícola de manera conjunta con otros sectores, como es el sector de la salud, para ofrecer a la población productos agroalimentarios de alta calidad nutricional.

La agricultura puede ayudar a reducir la pobreza, aumentar los ingresos y mejorar la seguridad alimentaria para el 80 % de los pobres del mundo, los cuales viven en las zonas rurales y se dedican principalmente a labores agrícolas. Si existe un estrecho vínculo entre el sector agropecuario y la alimentación saludable es gracias a los suelos fértiles de todo el planeta, que permiten cultivar aquellos alimentos que ayudan a tener una dieta completa y sana, como las frutas, hortalizas, semillas, granos y cereales y a su vez cuentan con las características necesarias para la ceba de animales. El concepto de seguridad alimentaria busca lograr una alimentación saludable, inicua y con características culturales y regionales propias, ya que apunta a fortalecer la producción local, para llegar a una alimentación que sea saludable, nutritiva y abarque a toda la población. De acuerdo con la FAO, la seguridad alimentaria es la ↑situación que se da cuando todas las personas tienen, en todo momento, acceso físico, social y económico a suficientes alimentos inocuos y nutritivos para satisfacer sus necesidades alimenticias y sus preferencias en cuanto a los alimentos, a fin de llevar una vida activa y sana. En el mundo

El Sector Agropecuario desempeña un importante papel para la Economía Cubana, por su participación directa e indirecta en la conformación del Producto Interno Bruto (PIB) y en particular por el efecto multiplicador que encierra para la Economía Nacional. Aporta aproximadamente el 60% de las calorías y el 45% de las proteínas totales diarias que consume la población, mientras la satisfacción del resto de las necesidades alimentarias queda sujeta a dichas importaciones.

Este Sector como demandante también se encuentra encadenado a diversas ramas de la economía nacional como la industria mecánica (maquinaria, implementos, herramientas), la ligera (ropa, calzado), química (agroquímicos, neumáticos, baterías, combustible), e introduce además dinamismo por la vía de la demanda. En resumen se aprecia que no obstante el descenso de la producción registrada en el Sector Agropecuario cubano en los últimos años, este continúa y se proyecta como un sector productivo y económicamente decisivo para la economía nacional.

Impacto del cambio climático.

El mayor efecto del cambio climático en la seguridad alimentaria del futuro, estará enfocado en la disponibilidad y estabilidad de los alimentos. ↑La producción agrícola se verá afectada a través de una modificación en los precios de los productos y de los insumos para la producción agrícola, debido al incremento en la demanda en la cantidad y calidad de la producción, lo que impactará a mercados y tendrá consecuencias en ingresos y precios de los alimentos, afectando los medios de vida en los centros urbanos, redundando en la modificación de la seguridad alimentaria y nutricional.

Situación problemática: Principales debilidades en la gestión empresarial eficiente, incremento del costo y de los gastos.

Problema científico: Cómo contribuir a mejorar la eficiencia económica y financiera en la gestión de la Empresa Pecuaria Venegas.

Objetivo general: Realizar un diagnóstico lo más integral posible, de manera que pueda servir como una herramienta de trabajo para la organización y permita mejorar sus decisiones tácticas y estratégicas en función del proceso de ordenamiento monetario y cambiario y el desarrollo socioeconómico del territorio y el país.

Objetivos específicos:

1. Caracterizar la entidad y su estructura organizativa,

2. Diagnosticar la situación actual de la entidad tomando en cuenta el desarrollo del proceso de planificación y su cumplimiento

3. Proponer un sistema de medida para su mejora.

Parte I: Caracterización de la entidad y su estructura organizativa, especificando OACE, OSDE u otro organismo al que se subordina la misma

1.1 Información general de la empresa.

Antecedentes.

En el año 1968 nuestro Comandante en Jefe Fidel Castro Ruz junto al entonces Ministro de la Agricultura Arnaldo Milian Castro visitaron nuestro territorio y subieron a una de las cimas más altas de la cordillera donde está enclavada la torre llamada Pedro Julio trazando así el Plan Lechero sobre el Valle que ocupa los territorios de Perea, Venegas, Iguará y Meneses y de esta forma aprovecharon la infraestructura industrial de la zona que es la Fábrica de Queso Mérida, inmediatamente se creó un grupo de estudio para el diseño y ejecución de dicha obra, el cual comenzó a ejecutarse en el año 1976 sobre tierras arrendadas e intervenidas por la Ley de Reforma Agraria, mucho fue el avance en la construcción de diversas instalaciones cerrándose en esta cuenca lechera el flujo zootécnico de la hembra, no así el del macho por obstruirse el programa de arrendamiento, lo cual ocasionaba hacinamiento en el flujo zootécnico integral de la ganadería.

La Empresa Pecuaria Venegas fue creada en 1976 y fusionada en 1987 con la Empresa Pecuaria Yaguajay para cerrar el flujo zootécnico del municipio. Contaba con 14 lotes que pertenecían al sector estatal con una masa ganadera de 47 308 animales. El propósito de la misma era con tres actividades producción cría, producción de carne o ceba y producción de leche, cumplimentado en un flujo zootécnico que cerraba dentro de la empresa. La misma ocupaba un área de 28 916.07 hectáreas destinadas a la producción de leche, cría y ceba vacuna, así como también el desarrollo de algunos rebaños equinos, ovinos y caprinos. Sus áreas van desde las llanuras costeras donde predominan suelos plásticos con malos drenajes y tendencias a la salinidad, hasta suelos ondulados en la porción sur con buenos escurrimientos. Abarca 16 Consejos Populares del Municipio de Yaguajay, su misión está concebida para la producción y comercialización de productos agropecuarios destinados a satisfacer la demanda de balances nacionales, el turismo, la población y sus trabajadores. En estos momentos se mantiene con bajos niveles de eficiencia que generalmente corresponden a situaciones de producciones extensivas y bajos índices de alimentación que no garantizan los niveles mínimos necesarios de carne y leche.

Ocupa un área de 37 893.4 hectáreas de tierra dedicadas a la producción de leche, cría y ceba vacuna, de ellas pertenecen al sector estatal 11 008.4ha, y al sector cooperativo: UBPC con 13 869.1, CPA con 284.4ha y las CCS tienen un área de 12 732.0ha con 1 088 productores; se ha entregado un total de 2 762.5ha por la Resolución 259 y el DL 300.

Actualmente las áreas infestadas por marabú y aroma son de 1 778.0 representada en un 29% del total de las áreas.

El área total de ganadería es de 37 893.4, en ella se incluyen la superficie agrícola y la ociosa (área de marabú, instalaciones y áreas de la costa de difícil acceso.

Las áreas aprovechables son 10 582.7has, estas áreas son de aroma y marabú ligero-mediano y manigua blanca, que son las que están en propuesta de recuperación.

Las áreas de marabú pesado que están en propuesta para limpieza y recuperación por buldoceo son 1 778.0ha.

La fuerza de trabajo aumento debido a la creación de nuevas fuentes de empleo ya que se denota un aumento en la producción, dado por el número de vacas en ordeño, la construcción y reparación de vaquerías, etc.

Maquinaria Agrícola, equipos, implementos y transporte. Comentar sobre la situación actual de la mecanización.

El sistema productivo Venegas está integrado por 7 Unidades Empresariales de Base y la Oficina central de la empresa, con un total de 711 trabajadores, de ellos 171 indirectos (24 %) y 584 directos a la producción (76 %). Cuenta con 147 mujeres, para el 20.7 % del total de trabajadores.

La composición de la fuerza laboral se comporta de la siguiente manera: 389 operarios (55 % del total), 215 técnicos (30 % del total), 1 administrativos (1 % del total), 92 de servicios (13 % el total) y 14 cuadros (2 % del total). Con un promedio de edad general de 42.3 años y 43.6 años en las mujeres; comportándose el rango general de 41.6 años en las UBPC a 46 años en la CPA; y las mujeres de 40.5 años en la CPA a 44.1 años de edad en el sector estatal.

<u>OBJETO SOCIAL</u>.

1. Producir y comercializar animales comerciales de ganando mayor y menor, ovino y caprino genéticamente mejorados, leche, carnes y sus subproductos, así como productos agrícolas y forestales.

2. Brindar servicios agropecuarios, veterinarios y de reproducción de animales.

<u>MISIÓN.</u>

Producir y comercializar animales de ganado mayor y menor genéticamente mejorados, leche, carnes, subproductos, productos agrícolas y forestales; así como brindar servicios agropecuarios, veterinarios y de reproducción de animales para satisfacer la demanda de balances nacionales, combinados cárnicos y lácteos, empresas de pieles, el turismo, la población y otros clientes que lo soliciten, con los estándares de calidad requerida y el apoyo de un personal competitivo, comprometido y altamente calificado.

<u>VISIÓN.</u>

Ser una Empresa con un alto nivel de reconocimiento social, con eficacia y eficiencia en sus producciones, reconocida por la profesionalidad de sus trabajadores, técnicos, cuadros y productores, convertida en paradigma tecnológico, con respeto de la tecnología ganadera, la bioseguridad y distinguida por la satisfacción de sus clientes.

1.2 Estructura organizativa de la empresa.

La Empresa en su estructura organizativa cuenta con 7 Direcciones: Dirección General, Dirección Adjunta, Dirección para el Control de la Producción, Dirección de Desarrollo, Dirección Capital Humano, Dirección Contable y Financiera y la Dirección de Control y Análisis.

La Empresa actualmente está conformada por dos sectores uno estatal estructurado por 7 UEB, de las cuales 5 son de producciones: 2 es de producción de leche, 2 de doble propósito y 1 de producción de carne; las otras 2 de prestación de servicios (maquinaria y aseguramiento). El sector cooperativo conformado por 9 CCS, 2 CPA, y 5 UBPC tienen propósito de leche, cría, y ceba. (**Ver anexo 1)**

De las 5 UBPC (346 cooperativistas), 9 CCS (958 cooperativistas), y 2 CPA (23), los cuales abarcan 1327 cooperativistas, que representan el 65 % de la fuerza laboral del sistema Venegas, los que totalizan 2038 empleados.

La Empresa Pecuaria Venegas cuenta con 22 Vaquerías Típicas ubicadas en diferentes sectores: 8 en UEB y 14 en UBPC, se encuentran de forma general sin ordeño mecanizado, el acuartonamiento para vacas y terneros en las UEB está al 22% y no existiendo ninguno en las UBPC, cada una tiene una estructura compuesta por: una Nave de Maternidad, 3 Naves de Sombra, y un Bañadero con Cepo, las situaciones constructivas de estas instalaciones se encuentran en mal estado la mayoría de están sin techos.

Las 3 vaquerías Semirústicas están ubicadas en una UBPC cada una cuenta con una Nave de Ordeño Mecanizado y acuartonamiento para vacas y terneros, los cuales no están en funcionamiento debido el estado crítico constructivo.

(Ver anexo 2)

1.3 - Principales productos o servicios que comercializa.

La empresa se dedicada principalmente a la producción de leche, cría y ceba vacuna, donde interviene el sector estatal y el no estatal.

<u>Principales proveedores:</u>

- EASIG

- Suministro Agropecuario (GELMA)

- Materiales de la Construcción

- PROMAL

- Gases Industriales

- Cárnico Sancti Spíritus

- MINEIN UEB 413

- AXES

- TRANSIMPOR

- Feria Agropecuaria La Habana

- Escambray

- ELSA

- La Villegas

- BRG Sancti Spíritus

<u>Principales clientes:</u>

- La vivienda

- Empresa Cárnica Sancti Spíritus

- Empresa Cárnica La Habana

- Combinado Lácteo Sancti Spíritus

Parte II: Diagnóstico de la situación actual de la entidad tomando en cuenta el desarrollo del proceso de planificación y su cumplimiento

2.1 Desarrollo del proceso de elaboración del Plan Económico Anual.

El proceso de planificación de la economía nacional se caracteriza por interacciones sucesivas entre los diferentes eslabones que lo integran, utilizando como herramienta fundamental el Modelo Global; este agrupa las identidades macroeconómicas contables y las relaciones funcionales de mayor relevancia en la economía desde la perspectiva de la planificación. Así, el proceso de planificación transita por diferentes momentos que a grandes rasgos se identifican con las etapas de elaboración del plan anual siguiente:

✦ Una primera etapa, referida a la elaboración por parte del Ministerio de Economía y Planificación, con la participación de los organismos globales y rectores ramales, de las Directivas Generales y Específicas, para la elaboración del plan, las que una vez aprobadas por el Gobierno, resultan el hilo conductor de este proceso.

✦Una segunda etapa, en la que las Entidades elaboran y presentan al MEP la propuesta de Plan.

✦Finalmente, una tercera etapa donde el MEP elabora la propuesta final de Plan a presentar a los niveles superiores de Gobierno para su aprobación, en la que intervienen los organismos de la administración central del Estado en su carácter de organismos globales o rectores de actividades.

La participación activa y organizada de los trabajadores es un elemento de suma importancia en el proceso de elaboración, ejecución y control del plan, tanto en el orden político como económico.

Para ello se prevén dos momentos fundamentales de consulta a los trabajadores:

- Después de emitidas las Directivas Generales y Especificas para la elaboración del plan, durante el proceso de conformación de las propuestas de planes por las empresas y demás entidades de base, antes de su presentación a los niveles superiores.
- Una vez aprobado el plan por el Gobierno y la ANPP y emitidas las cifras directivas, las empresas y entidades de base conforman la versión definitiva de sus respectivos planes, presentándolo a los trabajadores en Asambleas, en la que la participación de los trabajadores ha de ir dirigida a que estos expongan sus consideraciones para contribuir a su cumplimiento.

La elaboración del plan anual en la Empresa tiene un carácter dinámico, siendo flexible a cualquier cambio en las condiciones que se concibieron en su elaboración, de forma tal que se mantenga el incremento de los niveles de eficiencia y los resultados favorables de los indicadores económicos, financieros.

2.2 Cumplimiento de los indicadores del plan. Comparar 2021y 2022.

2.3 Desarrollo del proceso de Planificación Estratégica.

<u>**CUMPLIMIENTO 2021**</u>

Objetivo No. 1: <u>Elevar los resultados cualitativos del proceso de selección y promoción de los cuadros y reservas para dar respuesta a las necesidades de completamiento y renovación en los cargos, según proyecciones que se elaboren, con prioridad en los entrenamientos.</u>

Análisis de los indicadores de mayor dificultad: La plantilla aprobada desde inicio de año fue de 15 cuadros a partir que desde el mes de julio por un cambio de estructura se disuelve una UBPC creándose a partir de esta una UEB aumentando a 16 cuadros y el mayor por ciento hasta la fecha se comportó con 15 plazas cubiertas. Se mantiene vacante el Director de la UEB Comercializadora proyectando su completamiento para cierre de febrero 2022.

En el año 2021 se realizaron cuatro movimientos, la Directora Adjunta, Director de la UEB Aridanes, UEB Servicios Técnicos y la UEB Santos Caraballé de nueva creación.

Se incumplió con el indicador de que el cien por ciento de los movimientos provenga de las reservas de cuadros, de los movimientos realizados uno provenía de la reserva y el otro a pesar de no ser reserva del cargo si estaba preparada y poseía todos los conocimientos requeridos para ocupar el mismo.

Objetivo No. 2: <u>Consolidar la eficacia del control interno y una correcta aplicación de los manuales técnicos y de procedimientos para cada proceso productivo.</u>

Sobre la base de lo establecido en el Manual de Control Interno del GEGAN, la estrategia del 2021 del grupo de Supervisión y control del GEGAN y la Estrategia de trabajo del SCI, se implementó el Sistema de Control Interno de la entidad para los siguientes resultados:

En el mes de noviembre del 2021 se recibió la Visita de Intercambio y Asesoramiento de la Contraloría General de la República donde se dejaron recomendaciones que se encuentran en proceso.

En lo relacionado con los hechos extraordinarios en este año la empresa fue objeto de 4 hechos constitutivos de delito:

- Tres, sacrificio ganado mayor.
- Uno, pérdida de 1500 m de alambre con púas los cuales fueron recuperados

En cuanto al Plan de prevención de riesgo se chequea de forma mensual y se actualiza cada vez que sea necesario según fisuras, brechas o riesgos detectados en su revisión, las medidas se certifican por mes y se analizan tanto en el Comité de Prevención y Control como en el Consejo de Dirección para la toma oportuna de decisiones.

➤ Autocontroles:

Las guías fueron adecuadas por las áreas y unidades a raíz de las nuevas Guías de la CGR emitidas en febrero del año 2021 y aplicadas por el 100 % de los directores, especialistas y técnicos. Se realizó el ejercicio de autocontrol de la guía de la CGR 2021 a través del cronograma de ejecución de la empresa y para las unidades. Se estableció en el procedimiento de Control interno, los modelos a utilizar en el resumen del ejercicio de autocontrol de la Guía de la CGR.

➤ Controles integrales:

Hasta el cierre de diciembre debían realizarse 24 y se han concretado 15, provocado por la difícil situación epidemiológica que ha presentado la provincia en los últimos dos meses, no obstante se han utilizado otros tipos de acciones de control que impliquen menor cantidad de personas.

➤ Controles temáticos.

De 173 planificados se realizaron 175 para el 115%

➤ Controles tecnológicos.

De 48 planificados se realizaron 37 para el 79.1%

➤ Controles sorpresivos.

No se planifican y se realizaron 38.

A pesar de la difícil situación se ha mantenido la reunión mensual del Comité de Prevención y Control y las del Comité extraordinario del Documento 23 usando la alternativa de que se realicen las reuniones solo con las personas imprescindibles para el buen desempeño de las mismas.

Objetivo No. 3: <u>Consolidar la política salarial, de empleo, de capacitación y gestión del conocimiento y de atención integral a los trabajadores.</u>

La implementación de la política salarial que permita la remuneración equilibrada y constante a los trabajadores y estimule el incremento de la productividad del trabajo en la Empresa Pecuaria Venegas, lo que ha permitido que en el año 2021 los indicadores de empleo y salario tengan comportamientos positivos de forma general, los que se manifiestan como sigue:

Hasta el cierre del mes de diciembre del año 2021 la empresa ingresó un total de 64 571.1 MP de un plan de 63 273.4 MP para un cumplimiento del 102%; con un gasto de salario de 24 703.4 MP, el 94 % de lo previsto (26 388.5 MP), resultando un gasto de salario por peso de ingresos reales de 0.3826, de un plan de 0.4171, para el 92 %; las pérdidas acumuladas ascienden a (170 171.3 MP). El promedio de trabajadores acumulados real es de 621 de un plan de 650, para el 96 %, de un total de 729 trabajadores físicos, comportándose el índice de aprovechamiento de la fuerza de trabajo a un 89.1% debido principalmente al aislamiento por COVID 19. Se alcanzó un salario medio de 3315.00 pesos, el 98 % de lo previsto (3383.10 pesos), 68 pesos menos por trabajador y una productividad incalculable debido a los ajustes realizados.

Esto ha sido posible gracias al compromiso de los trabajadores con el cumplimiento de los planes previstos pese a todas las contingencias ocurridas, dentro de las cuales figura la COVID-19. También se han adaptado medidas organizativas para el uso racional de la fuerza de trabajo.

La política de empleo en la EPV garantiza la funcionalidad de la actividad agropecuaria y el cumplimiento de los planes previstos y de la plantilla aprobada.

La atención integral a los trabajadores ha estado marcada por garantizar el salario previsto a partir del cumplimiento de los planes, el régimen alimentario según los niveles de actividades, la venta de productos agropecuarios semanalmente, la entrega de medios de protección (guantes reforzados y botas de gomas) y calzado de trabajo, teniéndose dificultades con la ropa de trabajo y las capas para agua. Se trabaja además en la dignificación de las áreas ganaderas (base alimentaria) instalaciones típicas, comedor obrero y oficina o puesto de trabajo. Se restablece la imagen y cultura ganaderas.

Para el año estaban planificadas 29 acciones de capacitación de las cuales se realizaron 18, las once acciones de capacitación que no se realizaron fueron:

- Curso integral de reproducción
- Análisis de los componentes económicos del control interno
- Uso racional de la energía (OBE)
- Curso básico de técnico informático
- Taller de gestión de archivos.
- Habilitación de los serenos.
- Taller de normación de actividades agropecuarias.
- Taller de sistemas de pagos y análisis eficiencia de los centros de costos.
- Conferencia sobre producción de alimentos para suplementar vacunos.
- Seminario sobre técnicas de pastoreo y manejo bovinos semiintesivos.
- Trabajo de campo sobre extensionismo de pastos y forrajes en la zona lechera Venegas.

Este incumplimiento está originado principalmente por las medidas restrictivas para frenar la propagación de la COVID-19 las cuales fueron adaptadas a nuestra Empresa a partir de las medidas del MINSAP y el GEGAN como son evitar la aglomeración de personas y evitar dentro de lo posible la visita a la entidad de personal de fuera de la provincia o municipio; además que nuestra Unidad Docente está siendo utilizada como centro de aislamiento por salud.

Objetivo No. 4: Fomentar las actividades de I+D+i en los procesos productivos que permita una correcta gestión de proyectos y la incorporación de productos a la exportación; respaldado por le certificación del SIG y el extensionismo agrario.

La investigación, desarrollo e innovación como concepto es de hecho de invertir capital con el fin de obtener conocimiento, y al final obtener capital, incrementar la actividad en **I+D+i** a través de diferentes variantes, es la realidad viviente y así mejorar la calidad de vida y salud de los habitantes de un país.

La entidad tiene elaborada y aprobada por GEGAN la Estrategia de Innovación, en ella se recoge áreas de **resultados claves**:

- Técnica Productiva.
- Producción de leche y carne.
- Producción de hortalizas.

- Producción de viandas.
- Producción Forestal.
- Cuidado Medio Ambiente.

En relación con ello trabajamos para lograr una correcta gestión de proyectos y la incorporación de productos para la exportación, respaldado con la certificación del SIG y el extensionismo agrario.

> La Empresa Pecuaria Venegas proyecta en primer lugar la recuperación de las vaquerías de su cuenca lechera, rescatando su techado, ordeños mecanizados, acuartonamiento de unidades, así como el rescates de las redes hidráulicas y su abasto de agua, termos de frio, casa del vaqueros, áreas de alimentación variadas: caña, Kings Grass y plantas proteicas.

> Está en construcción un matadero especializado que permitirá cerrar el ciclo productivo de la carne, para ello, se intenciona establecer la escalera de ceba en la UEB Aridanes, así como la selección de productores líderes en esta variante para tributar e ello.

> Para concretar las funciones que va a ejercer el matadero y ante la demora del constructor contratado se comienza a ejecutar una loza de sacrificio de ganado menor en el marco del Programa País, la cual dará respuesta en corto período para la inclusión de nuestros productos en mercado más atractivos.

> Incluimos en el plan la siembra alrededor de 1 caballería de sábila, en Venegas. Esta puede ser vendida a salud, comercializarla en la cayería o exportarla sobre todo a Canadá.

> Incrementar las producciones del CREE Venegas para exportar, ventas al turismo y autoabastecimiento:

  - Tabaquina
  - Trichoderma
  - Metarhizium
  - Beauvaria Bassiana
  - Vertillium Lecanii
  - Productos árbol del NIM

> Establecer encadenamiento productivo con Unidades de Base y Productores individuales para la Comercialización de productos de la minindustria:

- Puré de tomate y sus derivados: Vita Nuova, Tomate frito, otros.
- Limón conserva
- Vinagre
- Pasta de ajo
- Jugos frutas tropicales
- Mermelada: mango y guayaba

Se han captado financiamientos a través de diferentes programas como FONADEC para el mejoramiento de suelo y existen varios Proyectos propuestos para su ejecución a través del desarrollo Local.

Nuestra empresa trabaja en la implementación del Sistema de Gestión de la Calidad y se tenía previsto en el mes de noviembre realizar la auditoría de certificación, se hizo necesario retrasar el cronograma debido a la situación epidemiológica que ha generado la Covid-19 y se proyectó certificar para el tercer trimestre del 2022.

Objetivo No. 5: <u>Lograr mayor eficiencia y eficacia del aseguramiento logístico y prestación de servicios adecuados y oportunos, que den respuesta al proceso productivo.</u>

Durante el año 2021 los aseguramientos logísticos han tenido dificultades en primer lugar nuestro principal proveedor en todas las zonas donde se ubica la empresa son las tiendas de GELMA y estos no satisfacen las demandas que se han solicitado, solo han podido satisfacer las ofertas que ellos han planteado y se han suscrrito en el contrato, esto afecta el buen funcionamiento de los procesos productivos.

Los aseguramientos logísticos para las inversiones y los mantenimientos constructivos se han garantizado, existiendo afectaciones con el cemento en el primer semestre, y en los electrodos para soldar que ha estado practicamente en cero.

A pesar de ello se ha comprado un nivel de equipos que garanticen el sostenimiento del proceso productivo en cuanto a corte y acarreo del alimento animal así como herramientas que garanticen una preparación de suelo con calidad óptima.

De igual forma se ha mantenido aceptable el sumunistro de pienso y otros suplementos proteicos como el Ractel para la alimentación de los terneros en el primer semestre no siendo así en el segundo semestre con una afectación total de los mismos.

El resto de los suministradores con los que hemos contratado tienen en sus establecimientos un alto nivel de desabastecimiento de una alta gama de productos vitales para desarrollar la empresa en la producción ganadera, la maquinaria agrícola, el transporte y la atención al hombre en general.

Situación de las Inversiones y mantenimientos constructivos al cierre del mes diciembre.

Comportamiento de las inversiones.

Descripción	Plan del Año	Mes: Diciembre			Acumulado		
		Plan	Real	%	Plan	Real	%
Construcción y Montaje	1338.2	133/8.2	1338.2	100	1338.2	1532.8	114.5
Otros	2342.0	297.0	22.9	7.7	2035.8	700.2	34.3
Total	3680.2	1635.2	1361.1	83.2	3374.0	2233.0	66.1

De la ejecución real de las inversiones solo el 12% se corresponden a la ejecución del Matadero por parte del MICON, ya que esta entidad se ausentó de la obra desde el mes de mayo.

Mantenimientos constructivos.

Plan del Año	Mes: Diciembre			Acumulado		
	Plan	Real	%	Plan	Real	%
950.7	88.3	62.3	70.5	906.4	804.7	88.7

Cumplimiento del Plan de Recape.
Plan año 2021: 40
Real: 40
%: 100

Objetivo No. 6: Lograr la suficiencia alimentaria en todas las unidades pecuarias, garantizando una composición botánica adecuada de los pastos.

El incumplimiento de la preparación de siembra y la siembra se ha visto afectado debido a la falta de combustible y la sequía que se ha presentado en nuestro territorio, a pesar de ello la empresa no ha renunciado al compromiso de completar la base alimentaria de todas las unidades productoras de la empresa, para ello se han establecido cinco Fincas de Semilla de Alimento animal dando cumplimiento a unas de las tecnologías orientadas por la OSDE y como garantía para enfrentar los planes de producción del año entrante.

SIEMBRA DE PASTOS Y FORRAJES	U/M	Plan año	Acumulado área puesta en movim. H/F	Siembra H/F	Existencia total del cultivo
Preparación de tierra y siembra total	ha	429,0	450,54	114,8	3.141,7
De ellas moringa	ha	12,0	0,5		3,5
De ellas morera	ha	12,0	5,6		2,0
De ellas tithonia	ha	50,0		14,0	
De ellas leucaena	ha				
De ellas semillas hibridas	ha				
De ellas banco biomasa (CT-115)	ha	108,0	25,2		
De ellas caña	ha	119,0	368,0	73,80	214,6
De ellas king grass	ha	62,0	26,2	24,0	141,8
Otros pastos mejorados y forrajes	ha	66,0	25,0	3,0	2.779,8

Objetivo No. 7: Lograr incrementos de 3340.0 miles de litros de leche al MINAL, respecto al real 2021.

Indicadores	UM	En el mes Julio			Diferenc. Plan/ Real	Plan año	Acumulado hasta la fecha en el año			Real Año Anter. H/F
		Plan	Real	%			Plan	Real	%	
Producción de leche total (todas las especies)	Mlts	404,3	413,5	102	9,2	**3718.1**	1.870,0	2.285,9	122	1.870,4
Venta al Estado	Mlts	372,5	383,9	103	11,4	**3340.0**	1.648,1	1.952,3	118	1.497,3
Venta a la industria	Mlts	372,5	383,9	103	11,4	**3340.0**	1.648,1	1.952,3	118	1.354,1
Venta a comercio (directa)	Mlts					-				143,1
Vacas en Ordeño	Cbz	3.278	3.148	96	-130	**3029**	2.410	2.937	122	2.890
Litros x vaca	lts	4,0	4,2	106	0,3	**3.4**	2,5	2,5	100	3,1

Objetivo No. 8: <u>Vender 905 t de carne al MINAL.</u>

Indicadores	UM	Mes Julio				Plan año	Acumulado hasta la fecha en el año				Diferenc. Real / Real
		Plan	Real	%	Dif.		Plan	Real	%	Real Año Anter. H/F	
Producción total de carne (vacuna y equina)	t	83,0	117,5	142	34,5	955,0	417,8	692,9	166	625,5	67,5
Venta a la industria	t	80,0	112,692	141	32,7	905,0	387,8	647,9	167	573,1	74,8
Venta directa a comercio (casillas)	t										
Venta directa (en planta)	t										
Producción total de carne vacuna	t	83,0	108,9	131	25,9	905,0	368,0	562,9	153	625,5	-62,6
Venta a la industria	t	80,0	104,1	130	24,1	855,0	338,0	520,7	154	573,1	-52,4
Total de ganado vacuno sacrificado	cbz	265	315	119	50	2.853	1.181	1.788	151	2.097	-309
De ellos a la industria	cbz	250	286	114	36	2.627	1.031	1.525	148	1.760	-235
Producción total de carne Equina	t		8.616		14,1	50,0	49,8	49,8	130,0	261	199,4
Venta a la industria	t		8.616		13,9	50,0	49,8	49,8	127,2	256	195,1

Objetivo No. 9: <u>Incrementar respecto al real 2021 las producciones de viandas, hortalizas, vegetales, granos y frutales, garantizando el incremento sostenido de los rendimientos agrícolas.</u>

Indicadores	UM	Mes Julio				Plan año	Acumulado hasta la fecha en el año				Diferenc. Real / Real	
		Plan	Real	%	Diferenc		Plan	Real	%	Real Año Anter. H/F		
Siembras totales	ha	148,31	176,26	119	28,0	2.304,67	1.033,5	1.371,0	133	895,2	475,8	
Viandas	ha	14,7	33,16	225	18,4	446,2	224,3	405,6	181	329,6	76,0	
Hortalizas	ha	12,2	19,80	163	7,6	263,0	90,2	178,8	198	174,0	4,8	
Frutales	ha	5,9	12,80	216	6,9	15,4	12,2	27,1	223	11,5	15,6	
Granos	ha	115,5	110,50	96	-5,0	1.580,0	706,9	759,6	107	380,1	379,5	

Producción total:	t	414,15	492,95	119	78,8	8.859,2	4.231,8	4.935,6	117	3.508,6	1.427,0
Viandas	t	162,03	204,03	126	42,0	3.610,1	1.731,6	2.512,0	145	1.727,7	784,3
Hortalizas	t	144,14	131,32	91	-12,8	4.012,3	2.017,7	1.868,9	93	1.185,6	683,4
Frutales	t	70,48	83,70	119	13,2	204,8	135,0	171,8	127	252,3	-80,4
Granos	t	37,50	73,90	197	36,4	1.032,0	347,5	382,8	110	343,1	39,8
Venta al Estado:	t	265,28	330,50	125	65,2	6.553,0	3.038,9	2.589,1	85	219,5	2.369,7
Viandas	t	80,90	127,88	158	47,0	2.623,0	1.151,0	1.238,43	108	132,6	1.105,8
Hortalizas	t	118,38	89,22	75	-29,2	3.304,0	1.604,9	1.039,79	65	65,7	974,1
Frutales	t					116.0	500,0	6,59	1	16,3	-9,7
Granos	t	50,00	63,20	126	13,2	510,0	237,0	136,01	57	4,6	131,5
De ellos maíz	t	16,00	50,20	314	34,2	330,0	46,0	174,91	380	16,7	158,3
De ellos frijol	t	16,00	48,00	300	32,0	180,0	16,0	61,04	382	1,2	59,9

Cumplimiento del Plan de Siembra Campaña de Frio hasta el día 28 del mes de Febrero 2022

U/M: Ha CULTIVO	Plan mes	Campaña de Frio				Acumulado Campaña			
		Plan	Real	%	Dif.	Plan	Real	%	Dif.
Viandas Total	36,42	36,42	60,73	167	24,31	332,05	382,66	115	50,61
Tub, y Raíces	34,46	34,46	60,73	176	26,27	320,88	367,77	115	46,89
Boniato	13,21	13,21	22,45	170	9,24	112,59	129,66	115	17,07
Malanga		0,00	3,40	#¡DIV/0!	3,40	4,05	8,95	221	4,90
yuca	21,25	21,25	33,58	158	12,33	204,24	227,86	112	23,62
ñame		0,00	1,30	#¡DIV/0!	1,30	0,00	1,30		1,30
Plátano Total	1,96	1,96	0,00	0	-1,96	11,17	14,89	133	3,72
Fruta	0,32	0,32		0	-0,32	3,67	6,27	171	2,60
Burro	1,64	1,64		0	-1,64	7,50	8,62	115	1,12
Hortalizas Total	9,38	9,38	29,97	320	20,59	242,33	280,86	116	38,53
Tomate		0,00	16,10	#¡DIV/0!	16,10	68,62	85,70		17,08
Pimiento		0,00		#¡DIV/0!	0,00	0,00	1,83		1,83
Calabaza	3,88	3,88	1,60	41	-2,28	111,18	108,47	98	-2,71
Pepino	0,55	0,55	0,55	100	0,00	10,45	14,39	138	3,94
Melón		0,00		#¡DIV/0!	0,00	0,20	0,20		0,00
Col	0,18	0,18	0,17	94	-0,01	7,20	7,20		0,00
Otras H	4,77	4,77	11,55	242	6,78	44,68	63,07	141	18,39
Viandas + Hortalizas	45,80	45,80	90,70	198	44,90	574,38	663,52	116	89,14
Granos Total	0,00	0,00	25,70	#¡DIV/0!	25,70	539,62	511,85	95	-27,77
Maíz		0,00	3,00	#¡DIV/0!	3,00	0,00	3,00		3,00
Frijol		0,00	14,50	#¡DIV/0!	14,50	539,62	483,93	90	-55,69
De ello Potenciado		0,00		#¡DIV/0!	0,00	0,00	0,00		0,00
Arroz Consumo		0,00		#¡DIV/0!	0,00	0,00	13,42		13,42
Sorgo		0,00	8,20	#¡DIV/0!	8,20	0,00	11,40		11,40
Otros Granos		0,00		#¡DIV/0!	0,00	0,00	0,10		0,10
V+H+G	45,80	45,80	116,40	254	70,60	1114,00	1175,37	106	61,37
Frutales	0,95	0,95	2,00	211	1,05	4,89	5,70	117	0,81

	Plan Mes	Plan	Real	%	Dif	Plan	Real	%	Dif
Guayaba		0,00		#¡DIV/0!	0,00	1,67	1,71	102	0,04
Fruta Bomba	0,95	0,95	2,00	211	1,05	0,95	2,10	221	1,15
Otros F		0,00		#¡DIV/0!	0,00	2,27	1,89	83	-0,38
Cítricos Total		0,00		#¡DIV/0!	**0,00**	0,57	0,50		**-0,07**
TOTAL GENERAL	46,75	46,75	118,40	253	71,65	1119,46	1181,57	106	62,11

Cumplimiento de la siembra de la Campaña de primavera hasta el 31 de JuLio y acumulado

U/M: Ha CULTIVO	Plan Mes JULIO	Mes hasta la fecha día				Acumulado Año		
		Plan	Real	%	Dif	Plan	Real	%
Viandas Total	**14,72**	**14,72**	**33,16**	225	**18,44**	**134,78**	**284,62**	211
Tub, y Raíces	**11,51**	**11,51**	**25,15**	219	**13,64**	**122,42**	**262,83**	215
Boniato	10,51	10,51	13,25	126	2,74	40,41	109,34	271
Malanga				#####		27,85	22,44	
yuca			11,90	#####	11,90	32,67	108,53	332
ñame	1,00	1,00			-1,00	21,49	22,52	
Plátano Total	**3,21**	**3,21**	**8,01**	250	**4,80**	**12,36**	**21,79**	176
Fruta	0,66	0,66	0,26	39	-0,40	3,43	0,95	28
Burro	2,55	2,55	7,75	304	5,20	8,93	20,84	233
Hortalizas Total	**12,17**	**12,17**	**19,80**	163	**7,63**	**66,25**	**128,44**	194
Tomate							20,95	
Pimiento						1,20	2,46	205
Calabaza	6,28	6,28	7,90	126	1,62	43,62	58,41	134
Pepino	1,17	1,17	1,49	127	0,32	1,90	4,98	262
Melón				#####		1,05	2,55	243
Col							0,22	####
Otras H	4,72	4,72	10,41	221	5,69	18,48	38,87	210
Viandas + Hortalizas	**26,89**	**26,89**	**52,96**	197	**26,07**	**201,03**	**413,06**	205
Granos Total	**89,17**	**89,17**	**110,50**	124	**21,33**	**579,30**	**733,90**	127
Maíz			109,00	#####	109,00		340,00	####
de ello potenciado				#####		97,80	53,80	55
Maíz Seco	88,17	88,17			-88,17	566,85	334,90	59
Frijol							13,00	####
Arroz Humedo	1,00	1,00	1,30		0,30	11,95	13,00	109
Sorgo							32,80	####
Soya			0,20		0,20		0,20	####
Otros Granos						0,50		
V+H+G	**116,06**	**116,06**	**163,46**	141	**47,40**	**780,33**	**1146,96**	147
Frutales	**5,84**	**5,84**	**12,70**		**6,86**	**11,14**	**24,91**	224
Mango	5,01	5,01	8,70		3,69	9,51	14,81	156
Fruta Bomba							1,00	####
Otros F	0,83	0,83	4,00	482	3,17	1,63	9,10	558
Cítricos Total	0,08	0,08	0,10		**0,02**	0,08	0,20	250
TOTAL GENERAL	**121,98**	**121,98**	**176,26**	144	**54,28**	**791,55**	**1172,07**	148

Objetivo No. 10: <u>Producir y Comercializar Carbón Vegetal para la exportación.</u>

Para el año 2022 nuestra empresa se propuso exportar 280 TN de Carbón Vegetal de Marabú con destino a la exportación, de las cuales no se ha podido exportar ninguna todavía.

Objetivo No. 11: <u>Contribuir al incremento de la eficiencia económica y financiera de la entidad.</u>

<u>**PRINCIPALES RESULTADOS ECONOMICOS AL CIERRE DICIEMBRE/2021**</u>

INDICADORES	UM	PLAN	REAL	%	PLAN 2022	%
Ventas	MP	62751.3	63190.8	101	70924.5	112
Utilidades	MP	266.8	-105600.2	-39580	365.0	0
Fondo de Salario	MP	26388.5	24703.4	94	28955.8	117
Promedio de trabajadores	U	650	621	96	669	108
Salario Medio	Pesos	3383.1	3315	98	3607	109
Gasto de salario / peso ventas	Pesos	0.4205	0.3909	93	0.4083	104

Al cierre del año 2021 las Ventas Netas se cumplen al 101% y se prevé un crecimiento del 12% para el 2022.

Los indicadores de trabajo y Salario se comportan favorablemente en relación con el plan 2021 y para el año 2022 se planifica también un comportamiento favorable.

Objetivo No. 12: Fortalecer el trabajo del Sistema de Seguridad y Protección, Defensa y Defensa Civil, según las acciones planificadas.

La situación general sociopolítica que se respira en la Empresa es favorable ya que hasta la fecha no se reportan hechos de corrupción, malversación ni acciones contra revolucionarias, estamos a tono con los hechos que han venido ocurriendo en el país se ha dado respuesta a través de actos políticos de reafirmación y matutinos, se reforzaron las guardias administrativas y obreras, y se han tomado medidas estrictas con relación a la pandemia y se está apoyando la siembra de plantas proteicas y de caña para garantizar el alimento animal.

En los controles realizados a las unidades de la Empresa se constató la necesidad de reforzar en todas las unidades la ejecución de las patrullas de control y recorrido además de ajustar en las mismas el plan de prevención, así como el completamiento de la base legal.

Esta actualizada y certificada la brigada contra incendio de la empresa, durante este periodo se produjo un incendio en la pista de rodeo de Venegas producto de un corto circuito solo se quemó el techo de guano el mismo posteriormente iba a ser reemplazado en aras de mejorar la cubierta contra cualquier evento meteorológico por lo que no reportamos perdida alguna.

De forma general se trabaja en organizar, actualizar y solucionar cada una de las deficiencias detectadas en las diferentes acciones de control tanto internas como externas, así como hacer que se cumplan los objetivos de trabajo trazados.

2.4 Política de sustitución de importaciones y proyecciones al respecto.

No se realizan importaciones en la empresa ya que todo lo que se necesita para la producción de la misma, lo garantiza la propia empresa.

2.5. Política de promoción de exportaciones y proyecciones al respecto.

2.6 Proceso de Inversiones e innovación tecnológica.

INVERCIONES O REPARACIONES	TOTAL AÑO	E	F	M	A	M	J	J	A	S	O	N	D
MATADERO VENEGAS (G MAYOR)	2065.3		445.0	345.0	345.0	345.0	285.3	300.0	----	-----	------	------	------
MATADERO VENEGAS (G MENOR)	3999.5			1333.16	1333.16	1333.16							
PUNTO DE VENTA Y CLINICA VETER PEREA	2239.8			746.6	746.6	746.6							
PUNTO DE VENTA ARIDANES	566.5								566.5				
CENTRO OVINO	3331.4			3331.4									
CENTRO CUNICOLA	3786.9						1893.45	1893.45					
CREE VENEGAS	2933.5								1466.7	1466.8			
UNIDAD DOCENTE	1972.7												1972.7
TALLER CENTRAL MAQUINARIA	3157.3											1578.65	1578.65
ALMACEN CENTRAL	810.8											405.4	405.4
CUADRA DE ANIMALES DE FERIA	3772.1								1257.3	1257.3	1257.5		
PISTA DE RODEO	29000.3					9666.76	9666.76	9666.76					
VAQUERIA TIPICA 27	87.8			29.1	29.1	29.6							
VAQUERIA TIPICA 19	312.7		44.2		44.2								
VAQUERIA TIPICA 8	87.4									43.7	43.7		

VAQUERIA TIPICA 21	88.4										44.2	44.2
VAQUERIA TIPICA 14	87.8			43.8	43.8							
PUNTO DE VENTA Y CLINICA VETER VENEGAS	2239.8							2239.8				
FINCA DE SEMILLA LA VIRTUOSA	485.1			485.1								
VAQUERIA TIPICA 1	689.9	172.47	172.47	172.47	172.49							
VAQUERIA TIPICA 25	473.9					157.96	157.96	157.97				
VAQUERIA TIPICA 26	87.8			87.8								
REMODELACION EMPRESA	16000.8						2666.8	2666.8	2666.8	2666.8	2666.8	2666.8
TOTAL	78277.5											

Dentro de las inversiones antes mencionadas se encuentran en proceso: el matadero al 95%, el punto de venta Aridanes al 15%, centro cunícula al 85%, CREE Venegas al 60%, Taller Central de Maquinaria al 60%, Almacén Central al 10%, cuadra de animales de feria al 35% y la finca de semillas ¨La Virtuosa¨ al 40%. El punto de venta y clínica veterinaria, el Centro ovino, la Vaquería típica 27, y la Vaquería típica 26, se encuentran todas al 100%. El resto de las inversiones no se han comenzado y algunas están detenidas debido a la situación meteorológica.

Para la recuperación del parque se necesitan las siguientes inversiones.

NECESIDADES	UM	1	2	3	4	5	6	7	8	9	10	11	12	13	14	15	Total
Motor Tractor Jumg-6	U	9	9	9	1				1								29
Carretones	U	8	7	8	2	3	2	3	2	2	3						40
Motores para camiones	U	8	7				5	1	1		1						23
Neumáticos 15,5 x 38 - c	U	50	50	40	20	21	20	20	15	15	15						266
Motocicletas	U	1	1	2	1	1	1	1	1	1	1						11
Unidades para Motocicletas	U	1	1	1	1	1											5
Neumáticos 7,50 x 20 - c	U	50	50	40	10	12	12	20	20	20	14						248
Neumáticos 900 x 20 - c	U	30	10	11	8	10	10	10	10	10	8						117
Neumáticos 8,25 x 15 - c	U	8	8	8	8	8	8	8	8	8	6						78
Neumáticos 10000 x 20 - c	U	10	10	10	6	8	6	8	12	8	6						92

Descripción	UM	1	2	3	4	5	6	7	8	9	10	11	12	13	14	15	TOTAL
Neumáticos 12000 x 20 - c	U	6	6	8	6	6	6	6		6							50
Neumáticos 14000 x 20 - c	U	10	4	4	2	3	2	2	2	2	2						33

Inversiones Necesarias (Estatal)

Descripción	1	2	3	4	5	6	7	8	9	10	11	12	13	14	15	TOTAL
Sistema Riego 1.0 Ha	5	5	5													15
Sistema Riego 4.0 Ha	2	2	5													9

- Nuevas Inversiones Estatales

Descripción	UM	Años															Total
		1	2	3	4	5	6	7	8	9	10	11	12	13	14	15	
1 Molinos a Vientos	Uno	10	5	10	4												29
2 Pozos	Uno	10	5	10	6												31
3 Tranques Agua	Uno	10	11	10													31
4 Equipo Bombeo Diesel	Uno	5	5	4	4	4	4	2	2	1	1						32
5 Electrobomba Sumergible	Uno	1	1		1					1	1						5
6 Electrobomba Horizontal	Uno	1		1	1				1								4
7 Acueducto ganadero (Km)	km	1															1

Proyección de las inversiones para el aseguramiento de producción y acopio de la leche

Concepto	TOTAL	Proyección 2013 - 2022														
		1	2	3	4	5	6	7	8	9	10	11	12	13	14	15
Puntos de frío	6	2	2	2												
Refrescador de Leche	20	5	3	4	4	4										
Viales a Reparar (Km)	80	10	10	10	10	10	10	10	10	5	5					

Con las inversiones realizadas aumenta el mejoramiento de la masa genética, así como el manejo, la calidad y cantidad de las producciones, el ganado racial se aumentaría en 275 las hembras de razas puras y los patios en 11 llegando a 23 en su total, aumentando la venta de sementales raciales.

2.7 Contribución de la organización al desarrollo económico social de la provincia.

La empresa aporta en la sociedad principalmente en la vivienda◄

2.8 Contribución a las políticas de protección medioambientales

2.9 Impactos del ordenamiento monetario en la Empresa

Parte III Análisis de los indicadores de eficiencia de la gestión empresarial en la empresa Venegas. Propuesta de un sistema de medida para su mejora (guiarte por el Objetivo 11 de la Planificación Estratégica).

Debilidades:

- Déficit de personal idóneo, capacitado y comprometido con la actividad.

- Deficiente sistema de selección de los cuadros y sus reservas lo que implica baja perfil de competencia y poco nivel de profesionalidad en el CD e insuficiente liderazgo.

- Tecnologías insuficientes, obsoletas o mal empleadas, faltas de mantenimiento, insumos, partes, piezas y accesorios para los equipos agrícolas.

- Deficiente gestión del proceso de desarrollo en la Empresa y en la formulación de proyectos en sus diferentes variantes.

- Deficiente uso del extensionismo de nuevas tecnologías, capacitación y buenas prácticas de producción.

- Pérdida considerable de áreas en la Empresa que limitan el crecimiento ganadero.

- Deficiente explotación de la capacidad instalada teniendo en cuenta el déficit de animales de todas las especies.

Amenazas:

- Desastres meteorológicos, climatológicos y sanitarios.

- Insuficiencia e inestabilidad en la producción de vacunas, medicamentos e instrumentales para la preservación de la salud animal.

- Poca rentabilidad en el proceso de producción de Leche en la tecnología de crianza artificial de terneros.

- Falta de recursos materiales para ejecutar las inversiones, así como incumplimiento de contratos con responsables de su ejecución.

- Limitaciones para la adecuada atención al hombre.

- Resistencia al cambio según lo requieren los nuevos tiempos por parte del CD.

- Promedio de edad de los principales cuadros de la Empresa que ponen en riesgo la continuidad del Proceso de Dirección.

- Existencia de indisciplinas del CD y poco nivel de exigencia de la alta dirección que ponen en riesgo el cumplimiento el normal desempeño de la actividad.

Fortalezas:

- 1. Contar con dos institutos con capacidad profesional y vínculos con otras instituciones, así como el apoyo del ICA, Indio Hatuey, INAF, universidades y otras instituciones científicas.

- 2. Estar implementando, con fines de certificación el Sistema Integrado de Gestión en la entidad.

- 3. Contar con un colectivo de trabajadores con una marcada cultura ganadera.

- 4. Relaciones con órganos de control a los diferentes niveles.

- 5. Contar con unidades paradigmas en el trabajo ganadero.

- 6. Nuevas posibilidades de tratamientos financieros, y crediticio ajustado al flujo tecnológico en la ganadería.

- 8. Existencia de un trabajo precedente y con actual renovación, diseñado por el Comandante en Jefe para la Ganadería.

- 9. Contar con una red informática bien diseñada y administrada.

- 10. Existencia de un programa integral de atención al hombre.

- 11. Implementación de las nuevas facultades otorgadas al sector empresarial.

- 12. Inclusión en donativos, proyectos de capital extranjero, colaboración y negocios.

Oportunidades:

1. Actualización y aplicación del modelo económico cubano con la implementación de los lineamientos del Séptimo Congreso del PCC.

2. Voluntad del país para el fortalecimiento de la Empresa Estatal Socialista.

3. Posibilidades a la exportación en ZEDM o a través de empresas exportadoras y acceso a otros mercados internos para ventas en frontera que retornan capacidad de liquidez.

4. Introducción de plantas forrajeras proteicas para la alimentación de la ganadería.

5. Contar con la aprobación en el plan de inversiones de la construcción de un matadero para el sacrificio y procesamiento de carne vacuna.

6. Actualización del programa de Desarrollo y proceso de recuperación de las unidades de la Empresa.

7. Nuevas normativas en la esfera de la ciencia que favorecen la superación en el ámbito empresarial.

8. Incremento del acceso a las TICs para favorecer la gestión de la información y la VeIE.

CUMPLIMIENTO DE LOS OBJETIVOS DE TRABAJO DE LA EMPRESA EN EL AÑO 2021 Y PROYECCIÓN ESTRATÉGICA DE TRABAJO 2022.

En el caso de las utilidades se obtiene una cifra elevada de pérdida debido a las siguientes causas fundamentales:

1. Incremento del costo por peso de venta por AFECTACIONES EN EL PRECIO DEL GANADO EN EL PROCESO DE COMERCIALIZACION.

2. Incremento de los gastos de administración por efecto de la tarea ordenamiento sin el correspondiente respaldo productivo, ya que los precios de los insumos y servicios fundamentales crecieron durante el año en mayor proporción que los precios de las producciones fundamentales de la empresa.

3. Crecimiento de los gastos por conceptos de tasas, impuestos y contribuciones por efecto del incremento salarial

4. Bajo aprovechamiento de la capacidad instalada en la producción de carne y leche lo cual no respalda los gastos fijos. Esto se manifiesta fundamentalmente en el no completamiento de las vacas en ordeño de acuerdo a las capacidades de las vaquerías y en el déficit de los animales en los potreros para ceba en relación con el área disponible.

5. Juste de la sobrevaloración de la masa ganadera. Las principales causas de estos elevados saldos durante años son el decrecimiento sostenido de la masa ganadera y el incremento de los gastos por los precios de los principales insumos, así como del salario por la aplicación de diferentes sistemas de pagos.

6. Cancelación del expediente de faltante de animales proveniente del año 2020 con denuncia policial aceptada.

7. Amortización de gastos diferidos provenientes del año 2020.

Las principales Medidas para enfrentar durante el año 2022 los resultados desfavorables y obtener la utilidad planificada son las siguientes:

1- Regular por el sector estatal el flujo de animales machos del sector cooperativo hacia la UEB de Ceba de Aridanes.   Esta medida permite incorporar animales de la ceba para sacrificio que a los precios y peso promedio de 370 KG posibilita alcanzar el punto de equilibrio antes mencionado para el año 2022

2- Establecer encadenamiento con empresas exportadoras de carne en la ZEDM con el objetivo de obtener participación en los ingresos en MLC.

3- Revisión de la plantilla de trabajadores indirectos y de gastos generales y de administración.

4- Gestionar con el combustible disponible el incremento de los servicios de maquinaria agrícola a terceros.

5- Ejecutar la construcción de viviendas convenidas con el gobierno.

6- Reducir las muertes de animales como máximo a los índices establecidos

7- Incremento de la productividad del trabajo a partir de la creación y continuidad de los Colectivos Laborales como nueva forma de gestión.

8- Construcción de instalaciones para cría de ganado menor a partir de asignaciones por el presupuesto desarrollo local.

PROYECCIÓN ESTRATEGÍCA PARA EL 2022.

1. Vender a la industria 1143 tn de carne vacuna.

2. Vender en MLC 400 tn de carne vacuna.

3. Producir 3 452.0 mil litros de leche a la industria.

4. Vender 50 tn de carne equina.

5. Crear las condiciones para vender la carne ovina, bovina directamente en el Mariel y mercados atractivos que generen capacidad de liquidez.

6. Incremento de las exportaciones y las ventas en fronteras priorizando humus de lombriz y otros productos biológicos.

7. Terminar la construcción del matadero especializado como factor clave para el cierre del ciclo productivo de la empresa.

8. Recuperación de las vaquerías típicas así como la dignificación de los locales administrativos en todas las UEB.

9. Incremento de los niveles de producción de ganado menor que tributen al autoabastecimiento municipal en el marco del Programa País.

10. Intensificar el trabajo con los productores líderes y concretar con todas las especies las cinco Fincas de Semilla con que cuenta la empresa.

11. Aplicar la tecnología Silvopastoril con leucaena a 10 Vaquería Típicas.

12. Trabajar en conjunto con el Instituto de Pasto y Forraje para completar en cada unidad los 50 Kg de forrajes y plantas protéicas.

13. Recuperar la Unidad Docente y el Centro de Atención y Capacitación al extensionista.

LAS PRINCIPALES TAREAS PENDIENTES Y EN EJECUCIÓN

Entre las principales tareas pendientes y en ejecución que presentan la Empresa Pecuaria Venegas tenemos:

- ➢ La recuperación integral de toda la infraestructura de las vaquerías típicas y la recría No.1 de ternero.
- ➢ Avanzar en la construcción del matadero especializado como factor clave para el cierre del ciclo productivo de la empresa.
- ➢ Lograr el completamiento de la base alimentaria de todas las unidades del sector estatal y UBPC y completar en el sector cooperativo la siembra de una hectárea de caña, una de King Grass y una de Tithonia.
- ➢ Terminar el acuartonamiento en todas las unidades de la empresa.
- ➢ Profundizar en el trabajo con los productores líderes de leche, carne y cultivos varios.
- ➢ Certificación del Sistema Gestión de la Calidad.

Anexo 1.

Distribución del sector estatal y cooperativo
UBPC   CPA   CCS   UEB

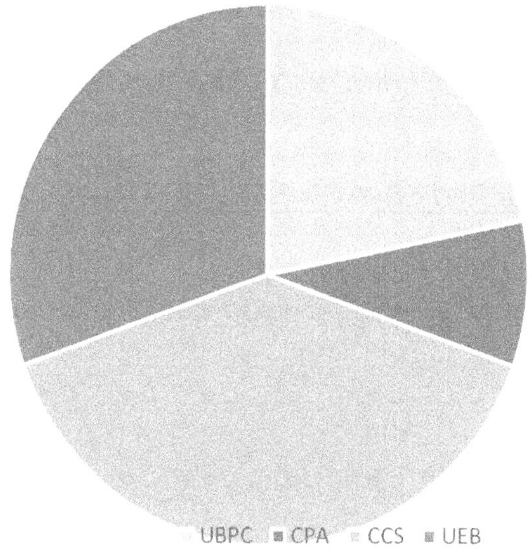

Anexo 2. Organigrama

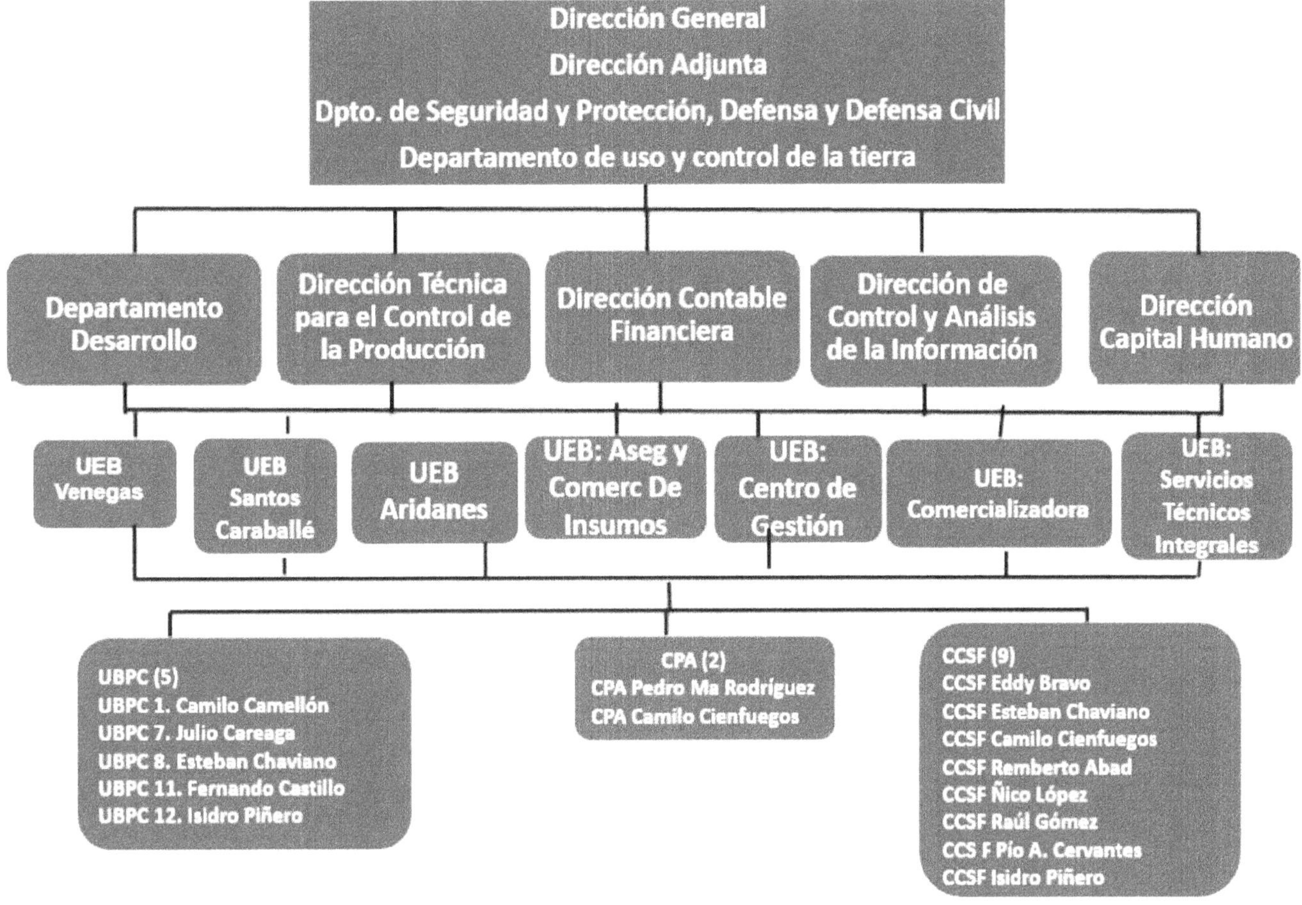